Y0-AGJ-439

Learn how to cook; try new recipes, learn from your mistakes, be fearless and above all have fun.

Julia Child

Recipe	Page		Recipe	Page

Recipe	Page		Recipe	Page

_____

recipe

serves_____prep time_____cook time_____oven temp____

Ingredients

Directions

_____
_____
_____
_____
_____
_____
_____
_____
_____
_____
_____
_____
_____
_____
_____
_____

Notes

_____

recipe

serves_____prep time_____cook time_____oven temp____

Ingredients

_____

Directions

_____

_____ _____

_____ _____

_____ _____

_____ _____

_____ _____

_____ _____

_____ _____

_____ _____

_____ _____

_____ _____

_____ _____

_____ _____

_____ _____

_____ _____

_____ _____

_____ _____

_____ _____

_____ _____

_____ _____

_____ _____

Notes

_____

recipe

serves_____prep time_____cook time_____oven temp_____

Ingredients

Directions

_____   _____
_____   _____
_____   _____
_____   _____
_____   _____
_____   _____
_____   _____
_____   _____
_____   _____
_____   _____
_____   _____
_____   _____
_____   _____
_____   _____
_____   _____

Notes

Page

_____

recipe

serves_____prep time_____cook time_____oven temp_____

Ingredients

Directions

_____
_____
_____
_____
_____
_____
_____
_____
_____
_____
_____
_____
_____
_____
_____

Notes

Page

_____

recipe

serves_____prep time_____cook time_____oven temp_____

Ingredients

_____

_____

_____

_____

_____

_____

_____

_____

_____

_____

_____

_____

_____

_____

_____

_____

_____

Directions

_____

_____

_____

_____

_____

_____

_____

_____

_____

_____

_____

_____

_____

_____

_____

_____

_____

_____

Notes

_____

recipe

serves_____prep time_____cook time_____oven temp_____

Ingredients

_____

Directions

_____

_____

_____

_____

_____

_____

_____

_____

_____

_____

_____

_____

_____

_____

_____

_____

_____

_____

Notes

_____

recipe

serves_____prep time_____cook time_____oven temp_____

Ingredients

Directions

_____

_____

_____

_____

_____

_____

_____

_____

_____

_____

_____

_____

_____

_____

_____

_____

Notes

Page

_____

recipe

serves_____prep time_____cook time_____oven temp____

Ingredients

_____

_____

_____

_____

_____

_____

_____

_____

_____

_____

_____

_____

_____

_____

Directions

_____

_____

_____

_____

_____

_____

_____

_____

_____

_____

_____

_____

_____

_____

_____

_____

_____

_____

_____

Notes

_____

recipe

serves_____prep time_____cook time_____oven temp_____

Ingredients

_____

Directions

_____

_____

_____

_____

_____

_____

_____

_____

_____

_____

_____

_____

_____

_____

_____

_____

Notes

_____

recipe

serves_____prep time_____cook time_____oven temp_____

Ingredients

Directions

_____

_____

_____

_____

_____

_____

_____

_____

_____

_____

_____

_____

_____

_____

_____

Notes

_____

recipe

serves_____prep time_____cook time_____oven temp____

Ingredients

Directions

_____

_____

_____

_____

_____

_____

_____

_____

_____

_____

_____

_____

_____

_____

_____

_____

_____

Notes

_____

recipe

serves_____prep time_____cook time_____oven temp_____

Ingredients

_____

_____

_____

_____

_____

_____

_____

_____

_____

_____

_____

_____

_____

_____

_____

_____

_____

Directions

_____

_____

_____

_____

_____

_____

_____

_____

_____

_____

_____

_____

_____

_____

_____

_____

_____

Notes

_____

recipe

serves_____prep time_____cook time_____oven temp_____

Ingredients

Directions

_____
_____
_____
_____
_____
_____
_____
_____
_____
_____
_____
_____
_____
_____

Notes

Page

_____

recipe

serves_____prep time_____cook time_____oven temp_____

Ingredients

Directions

_____   _____
_____   _____
_____   _____
_____   _____
_____   _____
_____   _____
_____   _____
_____   _____
_____   _____
_____   _____
_____   _____
_____   _____
_____   _____
_____   _____
_____   _____
_____   _____

Notes

_____

recipe

serves_____prep time_____cook time_____oven temp_____

Ingredients

_____

_____

_____

_____

_____

_____

_____

_____

_____

_____

_____

_____

_____

_____

_____

_____

Directions

_____

_____

_____

_____

_____

_____

_____

_____

_____

_____

_____

_____

_____

_____

_____

_____

_____

_____

_____

_____

Notes

Page

_____

recipe

serves_____prep time_____cook time_____oven temp_____

Ingredients

Directions

_____
_____
_____
_____
_____
_____
_____
_____
_____
_____
_____
_____
_____
_____
_____
_____
_____

Notes

Page

_____

recipe

serves_____prep time_____cook time_____oven temp_____

Ingredients

_____
_____
_____
_____
_____
_____
_____
_____
_____
_____
_____
_____
_____
_____
_____
_____
_____

Directions

_____
_____
_____
_____
_____
_____
_____
_____
_____
_____
_____
_____
_____
_____
_____
_____
_____
_____
_____
_____
_____

Notes

Page

_____

recipe

serves_____prep time_____cook time_____oven temp_____

Ingredients

_____
_____
_____
_____
_____
_____
_____
_____
_____
_____
_____
_____
_____
_____

Directions

_____
_____
_____
_____
_____
_____
_____
_____
_____
_____
_____
_____
_____
_____
_____
_____
_____
_____
_____

Notes

_____

recipe

serves_____prep time_____cook time_____oven temp_____

Ingredients

Directions

_____
_____
_____
_____
_____
_____
_____
_____
_____
_____
_____
_____
_____
_____
_____
_____

Notes

Page

_____

recipe

serves_____prep time_____cook time_____oven temp_____

Ingredients

Directions

_____
_____
_____
_____
_____
_____
_____
_____
_____
_____
_____
_____
_____
_____
_____
_____
_____
_____

Notes

_____

recipe

serves_____prep time_____cook time_____oven temp_____

Ingredients

Directions

_____

_____

_____

_____

_____

_____

_____

_____

_____

_____

_____

_____

_____

_____

_____

_____

Notes

Page

_____

recipe

serves_____prep time_____cook time_____oven temp_____

Ingredients

Directions

_____ _____
_____ _____
_____ _____
_____ _____
_____ _____
_____ _____
_____ _____
_____ _____
_____ _____
_____ _____
_____ _____
_____ _____
_____ _____
_____ _____
_____ _____
_____ _____

Notes

_____

recipe

serves_____prep time_____cook time_____oven temp_____

Ingredients

_____

_____

_____

_____

_____

_____

_____

_____

_____

_____

_____

_____

_____

_____

_____

_____

_____

_____

Directions

_____

_____

_____

_____

_____

_____

_____

_____

_____

_____

_____

_____

_____

_____

_____

_____

_____

_____

_____

_____

_____

Notes

_____

recipe

serves_____prep time_____cook time_____oven temp_____

Ingredients

Directions

_____
_____
_____
_____
_____
_____
_____
_____
_____
_____
_____
_____
_____
_____

Notes

_____
recipe

serves_____prep time_____cook time_____oven temp_____

Ingredients

_____
_____
_____
_____
_____
_____
_____
_____
_____
_____
_____
_____
_____
_____
_____
_____
_____

Directions

_____
_____
_____
_____
_____
_____
_____
_____
_____
_____
_____
_____
_____
_____
_____
_____
_____
_____
_____
_____

Notes

_____

recipe

serves_____prep time_____cook time_____oven temp_____

Ingredients

Directions

_____   _____
_____   _____
_____   _____
_____   _____
_____   _____
_____   _____
_____   _____
_____   _____
_____   _____
_____   _____
_____   _____
_____   _____
_____   _____
_____   _____
_____   _____
_____   _____

Notes

Page

_____

recipe

serves_____prep time_____cook time_____oven temp_____

Ingredients

Directions

_____

_____

_____

_____

_____

_____

_____

_____

_____

_____

_____

_____

_____

_____

_____

_____

Notes

_____

recipe

serves_____prep time_____cook time_____oven temp_____

Ingredients

_____

Directions

_____

Notes

Page

_____

recipe

serves_____prep time_____cook time_____oven temp_____

Ingredients

Directions

Notes

Page

_____

recipe

serves_____prep time_____cook time_____oven temp____

Ingredients

Directions

_____
_____
_____
_____
_____
_____
_____
_____
_____
_____
_____
_____
_____
_____
_____

Notes

_____

recipe

serves_____prep time_____cook time_____oven temp_____

Ingredients

Directions

_____

_____

_____

_____

_____

_____

_____

_____

_____

_____

_____

_____

_____

_____

_____

_____

Notes

_____

recipe

serves_____prep time_____cook time_____oven temp_____

Ingredients

_____

_____

_____

_____

_____

_____

_____

_____

_____

_____

_____

_____

_____

_____

_____

_____

_____

Directions

_____

_____

_____

_____

_____

_____

_____

_____

_____

_____

_____

_____

_____

_____

_____

_____

_____

_____

Notes

Page

_____

recipe

serves_____prep time_____cook time_____oven temp_____

Ingredients

_____
_____
_____
_____
_____
_____
_____
_____
_____
_____
_____
_____
_____
_____
_____
_____

Directions

_____
_____
_____
_____
_____
_____
_____
_____
_____
_____
_____
_____
_____
_____
_____
_____
_____
_____

Notes

Page

_____

recipe

serves_____ prep time_____ cook time_____ oven temp_____

Ingredients

_____
_____
_____
_____
_____
_____
_____
_____
_____
_____
_____
_____
_____
_____
_____

Directions

_____
_____
_____
_____
_____
_____
_____
_____
_____
_____
_____
_____
_____
_____
_____
_____
_____
_____

Notes

_____

recipe

serves_____prep time_____cook time_____oven temp____

Ingredients

Directions

Notes

Page

_____

recipe

serves_____prep time_____cook time_____oven temp_____

Ingredients

_____
_____
_____
_____
_____
_____
_____
_____
_____
_____
_____
_____
_____

Directions

_____
_____
_____
_____
_____
_____
_____
_____
_____
_____
_____
_____
_____
_____
_____
_____
_____
_____
_____

Notes

Page

_____

recipe

serves_____prep time_____cook time_____oven temp_____

Ingredients

_____

_____

_____

_____

_____

_____

_____

_____

_____

_____

_____

_____

_____

_____

_____

_____

_____

Directions

_____

_____

_____

_____

_____

_____

_____

_____

_____

_____

_____

_____

_____

_____

_____

_____

_____

_____

Notes

_____

recipe

serves_____prep time_____cook time_____oven temp_____

Ingredients

_____
_____
_____
_____
_____
_____
_____
_____
_____
_____
_____
_____
_____
_____
_____
_____

Directions

_____
_____
_____
_____
_____
_____
_____
_____
_____
_____
_____
_____
_____
_____
_____
_____
_____
_____
_____
_____
_____

Notes

_____

recipe

serves_____prep time_____cook time_____oven temp_____

Ingredients

Directions

_____
_____
_____
_____
_____
_____
_____
_____
_____
_____
_____
_____
_____
_____
_____
_____

Notes

_____

recipe

serves_____prep time_____cook time_____oven temp____

Ingredients

Directions

_____   _____
_____   _____
_____   _____
_____   _____
_____   _____
_____   _____
_____   _____
_____   _____
_____   _____
_____   _____
_____   _____
_____   _____
_____   _____
_____   _____
_____   _____
_____   _____
                           _____
                           _____
                           _____
                           _____

Notes

_____

recipe

serves_____prep time_____cook time_____oven temp_____

Ingredients

Directions

_____
_____
_____
_____
_____
_____
_____
_____
_____
_____
_____
_____
_____
_____
_____
_____

Notes

Page

_____

recipe

serves_____prep time_____cook time_____oven temp____

Ingredients

_____
_____
_____
_____
_____
_____
_____
_____
_____
_____
_____
_____
_____
_____
_____
_____

Directions

_____
_____
_____
_____
_____
_____
_____
_____
_____
_____
_____
_____
_____
_____
_____
_____
_____
_____

Notes

Page

_____

recipe

serves_____prep time_____cook time_____oven temp____

Ingredients

Directions

_____

_____

_____

_____

_____

_____

_____

_____

_____

_____

_____

_____

_____

_____

_____

_____

_____

_____

Notes

_____

_____ recipe

serves_____prep time_____cook time_____oven temp_____

Ingredients

Directions

_____
_____
_____
_____
_____
_____
_____
_____
_____
_____
_____
_____
_____
_____
_____
_____
_____

Notes

Page

_____

recipe

serves_____prep time_____cook time_____oven temp_____

Ingredients

_____
_____
_____
_____
_____
_____
_____
_____
_____
_____
_____
_____
_____
_____
_____
_____
_____
_____

Directions

_____
_____
_____
_____
_____
_____
_____
_____
_____
_____
_____
_____
_____
_____
_____
_____
_____
_____
_____
_____
_____
_____

Notes

Page

_____

recipe

serves_____prep time_____cook time_____oven temp_____

Ingredients

_____
_____
_____
_____
_____
_____
_____
_____
_____
_____
_____
_____
_____
_____

Directions

_____
_____
_____
_____
_____
_____
_____
_____
_____
_____
_____
_____
_____
_____
_____
_____
_____
_____
_____
_____
_____
_____
_____

Notes

_____
recipe

serves_____prep time_____cook time_____oven temp____

Ingredients

Directions

_____

_____

_____

_____

_____

_____

_____

_____

_____

_____

_____

_____

_____

_____

_____

_____

Notes

_____
recipe

serves_____prep time_____cook time_____oven temp_____

Ingredients

_____
_____
_____
_____
_____
_____
_____
_____
_____
_____
_____
_____
_____
_____
_____
_____
_____

Directions

_____
_____
_____
_____
_____
_____
_____
_____
_____
_____
_____
_____
_____
_____
_____
_____
_____
_____
_____
_____
_____

Notes

_____

recipe

serves_____prep time_____cook time_____oven temp____

Ingredients

Directions

_____   _____
_____   _____
_____   _____
_____   _____
_____   _____
_____   _____
_____   _____
_____   _____
_____   _____
_____   _____
_____   _____
_____   _____
_____   _____
_____   _____
_____   _____
_____   _____
_____   _____
_____   _____

Notes

Page

_____

recipe

serves_____prep time_____cook time_____oven temp_____

Ingredients

_____

Directions

_____

_____ _____

_____ _____

_____ _____

_____ _____

_____ _____

_____ _____

_____ _____

_____ _____

_____ _____

_____ _____

_____ _____

_____ _____

_____ _____

_____ _____

_____ _____

_____ _____

Notes

_____

recipe

serves_____prep time_____cook time_____oven temp_____

Ingredients

_____
_____
_____
_____
_____
_____
_____
_____
_____
_____
_____
_____
_____
_____
_____
_____

Directions

_____
_____
_____
_____
_____
_____
_____
_____
_____
_____
_____
_____
_____
_____
_____
_____
_____
_____

Notes

Page

_____

recipe

serves_____prep time_____cook time_____oven temp____

Ingredients

_____
_____
_____
_____
_____
_____
_____
_____
_____
_____
_____
_____
_____
_____
_____

Directions

_____
_____
_____
_____
_____
_____
_____
_____
_____
_____
_____
_____
_____
_____
_____
_____
_____
_____
_____

Notes

Page

_____

_____ recipe

serves_____ prep time_____ cook time_____ oven temp_____

Ingredients

_____
_____
_____
_____
_____
_____
_____
_____
_____
_____
_____
_____
_____
_____
_____
_____
_____
_____
_____

Directions

_____
_____
_____
_____
_____
_____
_____
_____
_____
_____
_____
_____
_____
_____
_____
_____
_____
_____
_____

Notes

_____

recipe

serves_____prep time_____cook time_____oven temp____

Ingredients

_____

Directions

_____

_____   _____
_____   _____
_____   _____
_____   _____
_____   _____
_____   _____
_____   _____
_____   _____
_____   _____
_____   _____
_____   _____
_____   _____
_____   _____
_____   _____
_____   _____
_____   _____
_____   _____
_____   _____
_____   _____

Notes

Page

_____

recipe

serves_____prep time_____cook time_____oven temp_____

Ingredients

Directions

_____

_____

_____

_____

_____

_____

_____

_____

_____

_____

_____

_____

_____

_____

_____

Notes

_____

recipe

serves_____prep time_____cook time_____oven temp____

Ingredients

Directions

_____

_____

_____

_____

_____

_____

_____

_____

_____

_____

_____

_____

_____

_____

_____

_____

Notes

_____

recipe

serves_____prep time_____cook time_____oven temp_____

Ingredients

Directions

_____
_____
_____
_____
_____
_____
_____
_____
_____
_____
_____
_____
_____
_____
_____
_____
_____
_____
_____

Notes

Page

_____

recipe

serves_____prep time_____cook time_____oven temp_____

Ingredients

Directions

Notes

Page

_____

recite

serves_____prep time_____cook time_____oven temp_____

Ingredients

Directions

_____ | _____
_____ | _____
_____ | _____
_____ | _____
_____ | _____
_____ | _____
_____ | _____
_____ | _____
_____ | _____
_____ | _____
_____ | _____
_____ | _____
_____ | _____
_____ | _____
_____ | _____

Notes

Page

_____

recipe

serves_____prep time_____cook time_____oven temp____

Ingredients

Directions

_____
_____
_____
_____
_____
_____
_____
_____
_____
_____
_____
_____
_____
_____
_____
_____
_____
_____
_____

Notes

_____

recipe

serves_____prep time_____cook time_____oven temp_____

Ingredients

_____

_____

_____

_____

_____

_____

_____

_____

_____

_____

_____

_____

_____

_____

_____

_____

Directions

_____

_____

_____

_____

_____

_____

_____

_____

_____

_____

_____

_____

_____

_____

_____

_____

_____

_____

Notes

Page

_____

recipe

serves_____ prep time_____ cook time_____ oven temp_____

Ingredients

Directions

_____
_____
_____
_____
_____
_____
_____
_____
_____
_____
_____
_____
_____
_____

Notes

Page

_____
recipe

serves_____prep time_____cook time_____oven temp____

Ingredients

Directions

_____
_____
_____
_____
_____
_____
_____
_____
_____
_____
_____
_____
_____
_____
_____
_____
_____

Notes

Page

_____

recipe

serves_____prep time_____cook time_____oven temp_____

Ingredients

Directions

Notes

_____

recipe

serves_____prep time_____cook time_____oven temp____

Ingredients

Directions

_____
_____
_____
_____
_____
_____
_____
_____
_____
_____
_____
_____
_____
_____
_____
_____

Notes

_____

recipe

serves_____prep time_____cook time_____oven temp_____

Ingredients

_____
_____
_____
_____
_____
_____
_____
_____
_____
_____
_____
_____
_____
_____
_____
_____
_____

Directions

_____
_____
_____
_____
_____
_____
_____
_____
_____
_____
_____
_____
_____
_____
_____
_____
_____
_____
_____
_____

Notes

Page

_____

recipe

serves_____prep time_____cook time_____oven temp_____

Ingredients

_____
_____
_____
_____
_____
_____
_____
_____
_____
_____
_____
_____
_____
_____
_____
_____

Directions

_____
_____
_____
_____
_____
_____
_____
_____
_____
_____
_____
_____
_____
_____
_____
_____
_____
_____

Notes

_____

recipe

serves_____prep time_____cook time_____oven temp_____

Ingredients

_____

_____

_____

_____

_____

_____

_____

_____

_____

_____

_____

_____

_____

_____

_____

_____

Directions

_____

_____

_____

_____

_____

_____

_____

_____

_____

_____

_____

_____

_____

_____

_____

_____

Notes

Page

_____

recipe

serves_____prep time_____cook time_____oven temp_____

Ingredients

_____
_____
_____
_____
_____
_____
_____
_____
_____
_____
_____
_____
_____
_____
_____
_____

Directions

_____
_____
_____
_____
_____
_____
_____
_____
_____
_____
_____
_____
_____
_____
_____
_____
_____
_____
_____
_____

Notes

_____

recipe

serves_____prep time_____cook time_____oven temp____

Ingredients

Directions

_____

_____

_____

_____

_____

_____

_____

_____

_____

_____

_____

_____

_____

_____

_____

_____

Notes

_____

recipe

serves_____prep time_____cook time_____oven temp_____

Ingredients

Directions

_____
_____
_____
_____
_____
_____
_____
_____
_____
_____
_____
_____
_____
_____
_____
_____
_____

Notes

_____

recipe

serves_____prep time_____cook time_____oven temp____

Ingredients

Directions

_____

_____

_____

_____

_____

_____

_____

_____

_____

_____

_____

_____

_____

_____

Notes

_____

recipe

serves_____prep time_____cook time_____oven temp_____

Ingredients

Directions

_____   _____
_____   _____
_____   _____
_____   _____
_____   _____
_____   _____
_____   _____
_____   _____
_____   _____
_____   _____
_____   _____
_____   _____
_____   _____
_____   _____
_____   _____
_____   _____
_____   _____

Notes

_____

recipe

serves_____prep time_____cook time_____oven temp_____

Ingredients

Directions

_____
_____
_____
_____
_____
_____
_____
_____
_____
_____
_____
_____
_____
_____
_____
_____

Notes

_____

_____ recipe

serves_____prep time_____cook time_____oven temp_____

Ingredients

_____
_____
_____
_____
_____
_____
_____
_____
_____
_____
_____
_____
_____
_____
_____
_____

Directions

_____
_____
_____
_____
_____
_____
_____
_____
_____
_____
_____
_____
_____
_____
_____
_____
_____
_____
_____

Notes

_____

recipe

serves_____prep time_____cook time_____oven temp_____

Ingredients

Directions

_____
_____
_____
_____
_____
_____
_____
_____
_____
_____
_____
_____
_____
_____
_____
_____

Notes

Page

_____

recipe

serves_____prep time_____cook time_____oven temp_____

Ingredients

_____

_____

_____

_____

_____

_____

_____

_____

_____

_____

_____

_____

_____

_____

_____

_____

_____

Directions

_____

_____

_____

_____

_____

_____

_____

_____

_____

_____

_____

_____

_____

_____

_____

_____

_____

_____

_____

_____

Notes

_____

recipe

serves_____prep time_____cook time_____oven temp_____

Ingredients

_____

_____

_____

_____

_____

_____

_____

_____

_____

_____

_____

_____

_____

_____

_____

_____

_____

_____

Directions

_____

_____

_____

_____

_____

_____

_____

_____

_____

_____

_____

_____

_____

_____

_____

_____

_____

_____

_____

Notes

Page

_____

recipe

serves_____prep time_____cook time_____oven temp_____

Ingredients

Directions

_____
_____
_____
_____
_____
_____
_____
_____
_____
_____
_____
_____
_____
_____
_____
_____

Notes

Page

_____
recipe

serves_____prep time_____cook time_____oven temp_____

Ingredients

_____

_____

_____

_____

_____

_____

_____

_____

_____

_____

_____

_____

_____

_____

_____

_____

Directions

_____

_____

_____

_____

_____

_____

_____

_____

_____

_____

_____

_____

_____

_____

_____

_____

_____

_____

Notes

_____

recipe

serves_____prep time_____cook time_____oven temp_____

Ingredients

Directions

_____

_____

_____

_____

_____

_____

_____

_____

_____

_____

_____

_____

_____

_____

_____

_____

_____

Notes

_____

recipe

serves_____prep time_____cook time_____oven temp_____

Ingredients

_____

Directions

_____

Notes

Page

_____

recipe

serves_____ prep time_____ cook time_____ oven temp_____

Ingredients

Directions

_____
_____
_____
_____
_____
_____
_____
_____
_____
_____
_____
_____
_____

Notes

Page

_____

recipe

serves_____prep time_____cook time_____oven temp____

Ingredients

Directions

_____

_____

_____

_____

_____

_____

_____

_____

_____

_____

_____

_____

_____

_____

_____

_____

Notes

Page

_____

recipe

serves_____prep time_____cook time_____oven temp_____

Ingredients

Directions

_____
_____
_____
_____
_____
_____
_____
_____
_____
_____
_____
_____
_____
_____
_____
_____
_____
_____

Notes

Page

_____

recipe

serves_____prep time_____cook time_____oven temp_____

Ingredients

Directions

Notes

Page

_____

recipe

serves_____prep time_____cook time_____oven temp_____

Ingredients

_____
_____
_____
_____
_____
_____
_____
_____
_____
_____
_____
_____
_____
_____

Directions

_____
_____
_____
_____
_____
_____
_____
_____
_____
_____
_____
_____
_____
_____
_____
_____
_____

Notes

_____
recipe

serves_____prep time_____cook time_____oven temp_____

Ingredients

_____
_____
_____
_____
_____
_____
_____
_____
_____
_____
_____
_____
_____
_____
_____
_____
_____

Directions

_____
_____
_____
_____
_____
_____
_____
_____
_____
_____
_____
_____
_____
_____
_____
_____
_____

Notes

Page

_____
recipe

serves_____prep time_____cook time_____oven temp_____

Ingredients

_____
_____
_____
_____
_____
_____
_____
_____
_____
_____
_____
_____
_____
_____
_____
_____

Directions

_____
_____
_____
_____
_____
_____
_____
_____
_____
_____
_____
_____
_____
_____
_____
_____
_____

Notes

_____

recite

serves_____prep time_____cook time_____oven temp_____

Ingredients

Directions

_____

_____

_____

_____

_____

_____

_____

_____

_____

_____

_____

_____

_____

_____

_____

_____

_____

Notes

Page

_____

_____
recipe

serves_____prep time_____cook time_____oven temp_____

Ingredients

_____
_____
_____
_____
_____
_____
_____
_____
_____
_____
_____
_____
_____
_____
_____
_____
_____

Directions

_____
_____
_____
_____
_____
_____
_____
_____
_____
_____
_____
_____
_____
_____
_____
_____
_____
_____
_____
_____

Notes

Page

_____

recipe

serves_____prep time_____cook time_____oven temp_____

Ingredients

Directions

_____
_____
_____
_____
_____
_____
_____
_____
_____
_____
_____
_____
_____
_____
_____
_____

Notes

Page

_____

recipe

serves_____prep time_____cook time_____oven temp_____

Ingredients

Directions

_____ _____
_____ _____
_____ _____
_____ _____
_____ _____
_____ _____
_____ _____
_____ _____
_____ _____
_____ _____
_____ _____
_____ _____
_____ _____
_____ _____
_____ _____
_____ _____
_____ _____

Notes

_____

recipe

serves_____prep time_____cook time_____oven temp____

Ingredients

Directions

_____
_____
_____
_____
_____
_____
_____
_____
_____
_____
_____
_____
_____
_____
_____
_____

Notes

Page

_____

recipe

serves_____prep time_____cook time_____oven temp_____

Ingredients

Directions

_____
_____
_____
_____
_____
_____
_____
_____
_____
_____
_____
_____
_____
_____
_____
_____

Notes

_____

recipe

serves_____prep time_____cook time_____oven temp____

Ingredients

_____
_____
_____
_____
_____
_____
_____
_____
_____
_____
_____
_____
_____
_____
_____
_____

Directions

_____
_____
_____
_____
_____
_____
_____
_____
_____
_____
_____
_____
_____
_____
_____
_____

Notes

_____

recipe

serves_____prep time_____cook time_____oven temp____

Ingredients

_____

Directions

_____

_____

_____

_____

_____

_____

_____

_____

_____

_____

_____

_____

_____

_____

_____

_____

_____

Notes

_____

recipe

serves_____prep time_____cook time_____oven temp_____

Ingredients

Directions

_____
_____
_____
_____
_____
_____
_____
_____
_____
_____
_____
_____
_____
_____
_____
_____

Notes

_____

recipe

serves_____prep time_____cook time_____oven temp____

Ingredients

Directions

_____
_____
_____
_____
_____
_____
_____
_____
_____
_____
_____
_____
_____
_____

Notes

Page

70100305R00059

Made in the USA
Lexington, KY
10 November 2017